BEI GRIN MACHT SICH IHR WISSEN BEZAHLT

- Wir veröffentlichen Ihre Hausarbeit, Bachelor- und Masterarbeit

- Ihr eigenes eBook und Buch - weltweit in allen wichtigen Shops

- Verdienen Sie an jedem Verkauf

Jetzt bei www.GRIN.com hochladen und kostenlos publizieren

Cina Bousselmi

Varianten der /r/-Realisierung im Französischen

Eine Analyse mit tunesischen Sprechern

GRIN Verlag

Bibliografische Information der Deutschen Nationalbibliothek:

Die Deutsche Bibliothek verzeichnet diese Publikation in der Deutschen National-
bibliografie; detaillierte bibliografische Daten sind im Internet über http://dnb.d-
nb.de/ abrufbar.

Dieses Werk sowie alle darin enthaltenen einzelnen Beiträge und Abbildungen
sind urheberrechtlich geschützt. Jede Verwertung, die nicht ausdrücklich vom
Urheberrechtsschutz zugelassen ist, bedarf der vorherigen Zustimmung des Verla-
ges. Das gilt insbesondere für Vervielfältigungen, Bearbeitungen, Übersetzungen,
Mikroverfilmungen, Auswertungen durch Datenbanken und für die Einspeicherung
und Verarbeitung in elektronische Systeme. Alle Rechte, auch die des auszugsweisen
Nachdrucks, der fotomechanischen Wiedergabe (einschließlich Mikrokopie) sowie
der Auswertung durch Datenbanken oder ähnliche Einrichtungen, vorbehalten.

Impressum:

Copyright © 2013 GRIN Verlag GmbH
Druck und Bindung: Books on Demand GmbH, Norderstedt Germany
ISBN: 978-3-656-39878-3

Dieses Buch bei GRIN:

http://www.grin.com/de/e-book/211596/varianten-der-r-realisierung-im-franzoesi-
schen

GRIN - Your knowledge has value

Der GRIN Verlag publiziert seit 1998 wissenschaftliche Arbeiten von Studenten, Hochschullehrern und anderen Akademikern als eBook und gedrucktes Buch. Die Verlagswebsite www.grin.com ist die ideale Plattform zur Veröffentlichung von Hausarbeiten, Abschlussarbeiten, wissenschaftlichen Aufsätzen, Dissertationen und Fachbüchern.

Besuchen Sie uns im Internet:

http://www.grin.com/

http://www.facebook.com/grincom

http://www.twitter.com/grin_com

Freie Universität zu Berlin

Institut für romanische Philologie

Probleme der französischen Phonetik und Phonologie

Sommersemester 2012

Varianten der /r/ Realisierung tunesischer Sprecher im Französischen

Cina Bousselmi

Berlin, den 12.01.2013

Inhalt

1. Einleitung.. 2

2. Einführung in die Thematik 3

    2.1. Der /r/ Laut im heutigen Französisch.. 4

    2.2. Der /r/ Laut im heutigen Tunesisch... 5

    2.3. Konsequenzen für die /r/Realisierung tunesischer Sprecher im Französischen 7

3. Durchführung einer Sprecheranalyse.. 9

    3.1. Der Korpus... 9

    3.2. Auswertung des Sprachmaterials... 10

    3.3. Analyse der abweichenden Realisierungsvarianten.............................. 10

        3.3.1. Die Realisierung von [r] 11

        3.3.2. Die Realisierung von [ɾ] 13

        3.3.3. Die Realisierung von [X]... 13

    3.4. Schlussfolgerungen.. 15

4. Fazit 16

5. Bibliographie.. 17

6. Anhang: Transkription der Interviews 18

    Interview mit Sprecher 1 18

    Interview mit Sprecher 2 22

1

1. Einleitung

> Le français fait partie intégrante de notre histoire et possède de ce fait le
> statut de langue vivante étrangère privilégiée. [1]

Das die französische Sprache in Tunesien einen Sonderstatus besitzt, macht sich besonders

im Bereich des Bildungswesens bemerkbar: Französisch ist ein Hauptfach im tunesischen

Schulwesen. Derzeit beinhaltet ab dem 3. Grundschuljahr eine Schulwoche 8 Stunden

Französischunterricht. Zudem finden in den Oberstufen alle naturwissenschaftlichen Fächer

ausschließlich in französischer Sprache statt. Es muss davon ausgegangen werden, dass alle

Tunesier die eine Grundschule besuchten (offiziell 98,6% der Bevölkerung) Französisch

gelernt haben. Caroline Veltcheff[2], die in der französischen Botschaft in Tunis tätig ist, stellte

fest, dass 40% der Bevölkerung tatsächlich als Frankophon bezeichnet werden können. Die

sprachliche Situation in Tunesien ist demnach ein Beispiel für eine Diglossie im Sinne

Charles Fergusons (1959):

> Diglossia is a relatively stable language situation in which, in addition to the
> primary dialects of the language (which may include a standard or regional
> standards), there is a very divergent, highly codified (often grammatically
> more complex) superposed variety, the vehicle of a large and respected body
> of written literature, either of an earlier period or in another speech
> community, which is learned largely by formal education and is used for
> most written and formal spoken purposes but is not used by any sector of
> the community for ordinary conversation.[3]

Dennoch weißt das Französisch tunesischer (bilingualer) Sprecher bestimmte Abweichungen

vom Standardfranzösisch auf. Die Realisierung atypischer /r/ Laute ist eines der

Hauptmerkmale dieses „accent arabe". Es stellt sich nun die Frage, ob es sich um die

fehlerhafte Aussprache einer gelernten Fremdsprache handelt oder ob man von einer, durch

Interferenzen mit dem Tunesischen[4] entstandenen, diatopischen Varietät des Französischen

sprechen kann.

---

[1] Zitiert nach Veltchefft, C.: Le français en Tunisie : une langue vivante ou une langue morte ?. In: *Le français aujourd'hui* 3/2006 (n° 154), S. 83.
[2] Ebd.
[3] Ferguson, Charles (1959). Diglossia. In: *Word* 15, S. 32.
[4] Auf die Problematik zum Verhältnis des Tunesischen zum Arabischen kann im Folgenden deshalb nicht näher eingegangen werden, eingeworfen sei jedoch die Anmerkung von Wolff:
„Die als sog. „vulgärarabische Dialekte" bezeichneten Volkssprachen der alltäglichen Kommunikation, die von den Sprechern inzwischen terminologisch quasi nationalisiert wurden und als *Ägyptisch, Algerisch, Marokkanisch, Tunesisch* etc. bezeichnet werden, kommen im normalen akademischen Betrieb kaum vor und werden von der traditionellen Arabistik marginalisiert wenn nicht gar stigmatisiert." Wolff, E.: Elemente einer

Die vorliegende Arbeit, beschäftigt sich mit den Realisierungsvarianten des Lautes /r/ im Französisch tunesischer Sprecher. Die folgende phonologische Untersuchung zu /r/ Realisierungen hat das Ziel herauszufinden, ob diese typologisierbar sein könnten.

Im folgenden Kapitel soll zunächst ein Überblick über das thematische Feld gegeben werden, innerhalb dessen sich die Arbeit bewegt. Dies besteht zum größten Teil aus einer Merkmalsbeschreibung von /r/ im Französischen und im Tunesischen. Zudem werden die wichtigsten im Zusammenhang mit der /r/ Realisierung stehenden Begriffe erläutert. Des Weiteren werden einige Artikel zur linguistischen Frankophonie-Forschung im Maghreb angeführt. Das dritte Kapitel schildert den praktischen Teil dieser Arbeit. Dazu gehört die Erstellungsbedingungen des Korpus, sowie die Auswertung der Daten. Die Ergebnisse der Auswertung werden anhand von Tabellen dokumentiert und anschließend unter Bezugnahme des vorhergegangenen interpretiert. Das letzte Kapitel dieser Arbeit enthält schließlich eine kurze Zusammenfassung und einen abschließenden Ausblick auf weitere Forschungen zu diesem Thema.

2. Einführung in die Thematik

Diese Arbeit beschreibt die Aussprache von /r/ Lauten tunesischer Sprecher im Französischen, um diese zu klassifizieren und mögliche Interferenzerscheinungen aufzuzeigen. Dazu werden in diesem Kapitel zuerst die grundlegenden Merkmale des Konsonanten /r/ im heutigen Standardfranzösisch und im Tunesischen beschrieben. Da es im Rahmen einer linguistischen Analyse angemessen erscheint von einer national einheitlichen Aussprache auszugehen, beschränken sich die Beobachtungen bewusst nur auf die Hauptmerkmale des in Tunesien gängigen Dialekts des Arabischen - dem Tunesischen.

Anschließend soll anhand des Vergleichs der /r/ Eigenschaften in beiden Sprachen Konsequenzen für die /r/ Realisierung im Französisch tunesischer Sprecher benannt werden. Dazu werden einige Artikel aus der zugehörigen Forschungsliteratur herangezogen und mögliche Erklärungsansätze diskutiert.

Soziolinguistik Nordafrikas. In: *Special Issue: Multilingualism and language policies in Africa. Sonderausgabe: Mehrsprachigkeit und Sprachenpolitik in Afrika. SPIL PLUS 38, S. 42-59.*

2.1. Der /r/ Laut im heutigen Französisch[5]

Eine Merkmalsbeschreibung eines Konsonanten (hier /r/) erhält man, indem man zum einen seine phonetischen Eigenschaften und zum anderen seine phonologischen Merkmale beschreibt. Es handelt dabei um einen Vibranten, welcher durch kurzfristige „intermittierrende Verschlussbildungen des elastisch schwingenden Artikulatoren"[6] entsteht. Das /r/ kennt im Französischen verschiedene Hauptrealisierungsvarianten: [ʁ] [χ] und [r][7].

Phonologisch ließen sich die Merkmale dieser Varianten von /r/ in folgender Tabelle zusammenfassen:

	Stimmhaft	Nasal	Labial	Koronal	Hoch	Hinten
[r]	+	-	-	+	-	-
[χ]	-	-	-	-	-	+
[ʁ]	+	-	-	-	-	+

Tabelle 1: Phonologische Merkmale des französischen /r/

Phonetische Unterschiede in den /r/ Realisierung lassen sich beim Merkmal „hinten" feststellen. Während bei [ʁ] und [χ] die Zunge hinten angehoben ist, bleibt sie bei der [r] Realisierung gesenkt. Zudem unterscheidet sich [r] dadurch, dass er koronal ist und mit dem vorderen Teil der Zunge gebildet wird. Phonetisch sind der Artikulationsort und die Artikulationsart von Bedeutung. Das stimmhaft gerollte apiko-alveolares [r] kann als ein nicht lateraler, liquider Sonorant, bei dem die Zungenspitze gegen die Alveolen vibriert, beschrieben werden. Beim stimmhaften uvularen Vibrantfrikatif [ʁ] wird beim Artikulieren ein Friktionsgeräusch realisiert, während der uvulare Obstruent [χ] stimmlos bleibt.

---

[5] Zur geschichtlichen Veränderung vgl. u.a. Martinet, A.: " R ", du latin au français d'aujourd'hui. In: Le français sans fard, Paris, P.U.F., 1969, S. 132-143.
[6] Meisenburg, & Selig: *Phonetik und Phonologie des Französischen*. Stuttgart: Klett 1998 (UNI-Wissen). S.57.
[7] N.B. Es existierte ein dorsales oder pharyngales [R] (vulgärsprachlich als „r d´Edith Piaf" bezeichnet) in dem die Uvula gegen die Hinterzunge vibriert. Dieses ist im heutigen Französisch jedoch kaum noch vertreten und wird deshalb im Folgenden nicht mehr berücksichtigt.
Angeführt sei noch Fouchés Beschreibung seiner Realisierung: „Le dos de la langue se soulève, plus que pour r uvulaire, et l´extrémité antérieur de la luette s´applique contre la partie postdorsale, d´où l´impossibilité pour elle de vibrer.» Fouché, P. : *Introduction*. In : Phonétique historique du francais. Tome 1, 1957, S.83.

Anhand des Kommutationsverfahrens kann bestätigt werden, dass es sich bei den vorher beschriebenen Varianten im heutigen Französisch lediglich um verschiedene Realisierungen eines einzigen Phonems, des Archiphonem /R/, handelt. Zum Beispiel <très> kann [tʁɛ] oder [trɛ], <porte> [pɔrte] oder [pɔɹte] oder [pɔχte])[8] ausgesprochen werden ohne einen Bedeutungsunterschied zu implizieren.

Diese /r/ Realisierungen werden als Allophone bezeichnet, da die unterschiedlichen Aussprachen in keinem Fall ein Minimalpaar bilden, d.h. sie stehen nie in distinktiver Opposition. Die verschiedenen /r/ Realisierungen im Französischen können unabhängig von der Position miteinander vertauscht werden, da die lautlichen Umgebungen in denen das /r/ ausgesprochen wird, keine Restriktionen aufweisen. Es handelt sich bei allen Realisierungen von /r/ um freie oder fakultative Varianten des Phonems.

Die verbreitteste Realisierung von /r/ ist im heutigen französisch das [ʁ] welche als Standartlautung gilt.[9] Diese stimmhafte Realisierung [ʁ] kann in der Tat in bestimmten stimmlosen Umgebungen als stimmloser uvularer frikativ realisiert werden und „entstimmt" [χ] ausgesprochen werden. Schwarze und Lahiri führen an, dass die stimmlose Variante [χ] tendenziell dann realisiert wird, wenn /r/ vor einem stimmlosen Konsonanten steht (z.B. <article> [aχtikl]) oder zuweilen auch im Auslaut, d.h. am Ende einer rhythmischen Gruppe (Bsp. <lourd> [luχ]). In „allen anderen Umgebungen wird die stimmhafte Variante ([ʁ] […]) realisiert"[10].

Verschiedene Varietäten können jedoch Aussprachemerkmale aufweisen, die von der Standardsprache abweichen. Sie unterscheiden sich insofern von einer ʁ „fehlerhaften" Realisierung, dass diese Variation von einem Sprecher (oder einer Sprechergruppe) systematisch benutzt wird. Aussprache ist in diesem Falle ein Indiz zur Herkunft und Sozialisation des Sprechers, es handelt sich hierbei dann um diatopische oder diastratische Variationen.

2.2. Der /r/ Laut im heutigen Tunesisch

Auch im Tunesischen gibt es verschiedene phonetische Realisierungen von /r/: [χ], [ʁ], [r]. Anders als im Französischen sind die verschieden Artikulationsmodi distinktiv: es lassen sich

---

[8] Aussprache Beispiele auf der Seite vom Laboratoire de Phonétique Expérimentale de l'Université de Turin, unter http://www.lfsag.unito.it/ipa/index_fr.html einzusehen.
[9] Vanneste, Alex : *Le français du XXIe siècle : introduction à la francophonie, éléments de phonétique, de phonologie et de morphologie.* Garant, 2005, S.203.
[10] Schwarze, C. & Lahiri, A. : Einführung in die französische *Phonologie.* In: Fachgruppe Sprachwissenschaft Universität Konstanz, Arbeitspapier Nr. 88, 1998, S. 4.

Bedeutungsunterschieden Minimalpaare bilden. Es handelt sich demnach um unterschiedliche Phoneme, welche auch verschieden lexikalischen Repräsentationen zugeordnet werden.

- <غ> [ʁ] und <خ> [χ]

Sind die stimmhafte und die stimmlose Variante des uvularen Frikativs handelt, sind beide im Tunesischen vertreten. Das [χ] wird vor oder nach einem Sonoranten tendenziell zu [g] wird, während das eher pharyngal ausgesprochene [h] zu [χ] werden kann. einer Dies hat jedoch nur eine phonetische Relevanz. Anders lässt sich das Minimalpaar: <أرسل>[arsel] *schicken*, <أغسل> [aʁsel] *waschen* bilden.

- <ر> [r]

Es ist der am häufigsten vorkommende Konsonant (24%)[11]. Je nach vokalischem Kontext existiert zudem die emphatisierte, geminisierte Variante [rˤ][12]Die im Französischen lautsprachlich verschwundene da nicht mehr phonologisch relevante Unterscheidung zwischen <r> und <rr>[13], ist besonders in maghrebinischen Dialekten des Arabisch, so auch im Tunesischen wichtig. Schriftlich wird es meistens durch das diakritische Zeichen *Shadda* über den [r] angezeigt: <رّ>. Bei der Aussprache wird der Konsonant verlängert bzw. kurz darauf verharrt. Es lassen sich viele Minimalpaare bilden, z.B.: *Er hat studiert* <درس > [darasa] und *Er hat gelehrt* [darˤasa] <درّس > oder *Er hat gedreht* <دار> [dâr] und *Haus* <دّار> [dârˤ] oder *Er ist abgekühlt* < بَرَد >[brad] und *Er hat geschleift* <بَرّد> [brˤad].

Auf prosodischer Ebene sei angemerkt, dass wie oben angeführt die Konsonantenlänge im Tunesischen kontrastiv ist, wobei Betonungen bestimmten prosodischen Regularitäten folgen: man spricht von einem gebundenen Akzent. Im Französischen hingegen besteht das Akzentsystem aus einem gebundenen Phrasenakzent. Die Silbe dient im Tunesischen hingegen als Anker für den Akzent. Es kommt in der Silbe zu Akzentuierungen des

---

[11] Wehr, Hans: *Arabisches Wörterbuch für die Schriftsprache der Gegenwart.* Cowan (Hrsg.), New York: Spoken Language Services, 1971.
[12] Vgl. Morsly Dalila: *Diversité phonologique du français parlé en Algérie : réalisation de /r/.* In: Langue française. N°60, 1983. S. 65-72.
« L'arabe classique connaît deux réalisations pour ce /r/ : l'une normale, l'autre forte, géminée (/tafxlm/ et /tarqïq/ selon la terminologie des grammairiens arabes). »
[13] Vgl. Martinet, A.:" R ", *du latin au français d'aujourd'hui.* In: Le français sans fard, Paris, P.U.F., 1969, S. 132-143.

Konsonanten, wenn dieser von einem kurzen Vokal und einem Konsonanten gefolgt sind. Der letzte Konsonant im Wort wird betont ausgesprochen, wenn darauf ein langer Vokal folgt.

Kurze Vokale	Lange Vokale
i u	ï u
e	e (wird zu [i] nach pharyngalen oder emphatischen)
ɛ (häufige Realisierung von [a], öffnet sich im Kontakt mit hinteren Konsonanten)	E
a	ɛ
	a

Tabelle 2 Vokalsystem des Tunesischen

„L'accent de mot, pour tout parler arabe, porte sur l'avant-dernier pied. "[14] Dies ist insofern von Bedeutung, dass es zu Velarisierungen von [χ] zu [X], bzw. zu einer nicht markierten Emphatiesierung des [r] kommen kann.

2.3. Konsequenzen für die /r/Realisierung tunesischer Sprecher im Französischen

Der Vergleich zwischen den verschiedenen Phonetischen Realisierung von /r/ im Tunesischen und Französischen zeigt, dass es keine Schwierigkeiten in der Aussprach der Standardvariante des französischen /r/ , also das frikativ Phonem [ʁ], für den tunesischen Sprecher geben dürfte. Dennoch sind Abweichungen festzustellen und eine der Charakteristika des arabischen Akzents das gerollte [r]. Auch Jean-Louis Maume[15] bemerkt:

> En fait ce [r] existe en arabe : c'est le « gayn » [g][sic], mais les arabophones le font rarement passer en français. On peut donner plusieurs raisons à ce roulement systématique de tous les [r] du français (parfois même emphatisés).

---

[14] Angoujard, Jean-Pierre: *Les hiérarchies prosodiques en arabe*. In: Revue québécoise de linguistique, vol. 16, n° 1, 1986, p. 11-37.
[15] Maume J.-L. : *L'apprentissage du français chez les Arabophones maghrébins (diglossie et plurilinguisme en Tunisie)*. In: Langue française. N°19, 1973. S. 100.

In einer Studie mit 50 algerischen Französischsprecher in Paris, stellte Dalila Morsly eine unbeständige Realisierung von /r/ als [r] und [ʁ] fest: „surtout nous semble particulièrement caractéristique la coexistence, chez un même informateur, des deux réalisations : [r] et [ʁ]. "[16] Eine Erklärung hierfür könnte die häufigere Benutzung des [r] gegenüber des [ʁ] im Tunesischen sein.[17] Martinet[18] möchte dies historisch erklären, indem er anführt, dass die ersten europäischsprachigen Einwanderer in Tunesien aus Südfrankreich und Italien kamen, Gegenden in denen das /r/ als [r] realisiert wird. Dennoch scheint dies keine hinreichende Erklärung zu sein, denn die „débuts de la colonisation sont loin et l'école française a depuis longtemps imposé [ʁ] uvulaire"[19]. Zudem ist zu bemerken, dass das französische /r/ in Lehnwörtern und Eigennamen immer mit einem <ر> [r] transkribiert wird[20], z.B. bei *radio* < راديو> [radiu]. Es lassen sich jedoch auch soziolinguitische Gründe finden:

> Rouler les r en parlant français est senti plus ou moins obscurément
> par quelques arabophones comme l'indication de leur appartenance
> à un milieu linguistique propre qu'ils défendent en défendant leur
> prononciation personnelle.[21]

Morsly Dalila sieht darin eine Möglichkeit der Demarkation vom einstigen kolonisierer, denn die „prononciation [r] a pu apparaître comme une manifestation nationaliste qui permettait de se démarquer de l'occupant. "[22]

Im Folgenden soll diese, in der Forschung festgestellte Inkonstanz für die in Korpus untersuchten Sprecher überprüft werden. Die Realisierungsvarianten von /r/ dieser tunesischen Sprecher des Französischen werden dafür aufgezeigt und nach Typen eingeordnet. Diese Systematisierung dieser Realisierungsvarianten könnte Auskunft über die möglichen Ursachen der rein phonetisch nicht zu erklärenden Standardabweichung geben.

---

[16] Morsly Dalila: Diversité *phonologique du français parlé en Algérie : réalisation de /r/*. In: Langue française. N°60, 1983. S. 69.
[17] Vgl. Garmadi, Juliette: Le français parlé en Tunisie. Description synchronique de la phonologie et de la syntaxe du français parlé par les arabophones tunisiens de classe moyenne. Thèse de Doctorat d'État. Sorbonne, Paris, 1974 (non publiée).
Zitiert nach Morsly Dalila: *Diversité phonologique du français parlé en Algérie : réalisation de /r/. In: Langue française. N°60, 1983. S. 71.*
[18] Martinet, A. : *Séminaire de linguistique, Cahiers du C.E.R.E.S. : Série linguistique*. In: Revue Tunisienne des Sciences Sociales, C.E.R.E.S., Tunis, 2, 1966.
[19] Morsly Dalila : *Diversité phonologique du français parlé en Algérie : réalisation de /r/*. In: Langue française. N°60, 1983. S. 71.
[20] Vgl. Maume J.-L.: *L'apprentissage du français chez les Arabophones maghrébins (diglossie et plurilinguisme en Tunisie)*. In: Langue française. N°19, 1973. S. 101.
[21] Ebd.
[22] Morsly Dalila : *Diversité phonologique du français parlé en Algérie : réalisation de /r/*. In: Langue française. N°60, 1983. S. 72.

3. Durchführung einer Sprecheranalyse

Im ersten Teil dieser Arbeit wurden die verschiedenen Allophone bzw. Phone von /r/ im Französischen und Tunesischen aufgezeigt. Der nun folgende Abschnitt soll anhand von Sprachaufnahmen die verschiedenen, in der Forschung festgestellten, /r/ Realisierungen tunesischer Sprecher überprüfen. Das Sprachmaterial wird dazu in einem ersten Schritt rein deskriptiv auf /r/ Realisierungen untersucht und entsprechend ihrer phonologischen Merkmale ausgewertet. Anschließend sollen die herausgearbeiteten Realisierungsvarianten welche Abweichungen zu Standardvariantionen des Französischen aufweisen näher betrachtet werden. Dem schließt sich der Versuch an, diese anhand von Arbeitshypothesen zu systematisieren und einen Bezug zu möglichen Interferenzerscheinungen zum Arabischen festzustellen.

3.1. Der Korpus

Die folgenden Analysen beziehen sich auf Tonaufnahmen von c.a. 15-minütigen im August 2012 aufgenommenen Interviews (Transkriptionen dieser Interviews befinden sich im Anhang). Diese sollen als empirische Grundlage für folgende Sprachuntersuchungen dienen.

Bei den im Korpus berücksichtigten Sprechern, handelt es sich um Y. und seinen Sohn X
. Keiner der Sprecher hatte auffällige Sprach- oder Hörprobleme und keiner
war in die Thematik bzw. Absicht des Versuchs eingeweiht. In der folgenden Analyse werden
sie als Sprecher 1 Bzw. S.1 (Y) und Sprecher 2 Bzw. S.2 (X) bezeichnet.

- S.1 ist 65 Jahre alt und hat Französisch in der „mission française", die damals einzige weiterführende Schule unter dem Protektorat gelernt. Er hat vorher im Bürgeramt gearbeitet und ist nun Rentner.
- S.2 ist 27 Jahre alt, hat einen Bachelor in internationaler Wirtschaft und lernte ab der 2. Klasse Französisch in der Schule.

Beide stammen aus der nördlichen Hafenstadt Bizerte. Dies ist von Bedeutung, weil auch nach der Unabhängigkeit (1961) Tunesien, Bizerte als Militärstützpunkt zunächst in französischem Besitz blieb und erst 1963 nicht mehr militärisch besetzt war. Bizerte gilt bis heute als die frankophonste Stadt Tunesiens.

Die Sprecher betonen dies in den Interviews in denen sie einer langjährigen Familienfreundin auf Französisch zu Sprachpolitischen Themen (Rolle des Französischen in Tunesien) befragt.

Es kann davon ausgegangen werden, dass die Sprecher sich wohlfühlen und sich in ihrem üblichen standardsprachlichen Niveau unterhalten.

3.2. Auswertung des Sprachmaterials

Anhand der Aufnahmen und ihrer Transkription (siehe Anhang) wurde eine Tabelle angefertigt, die die Häufigkeit der verschiedenen /r/ Realisierungen darstellt. In den Aufzeichnungen wurden dabei fünf verschieden /r/ Realisierungen festgehalten. Zum einem die dem Standard entsprechende Realisierung als uvularen Vibrantfrikatif [ʁ] bzw. seine stimmlose Variante [χ], zum anderen eine weitere stimmlose jedoch stark betonte Variante [x], welche velar realisiert wird. Außerdem ist das gerollte apiko-alveolares [r] und eine Variation, die dem stimmhaften alveolarer Tap [ɾ] zugeordnet werden kann, erkannt worden.

	/r/ insgesamt	[ʁ] /[χ]	[X]	[ɾ]	[r]
Sprecher 1	201	163	9	6	23
Sprecher 2	128	109	14	3	2

Tabelle 2: /r/ Varianten Verteilung

Im Abschnitt 2.1. wurde festgestellt, dass die Realisierung der Allophone [ʁ] bzw. [χ] dem heutigen Standardfranzösisch entspricht. Diese Realisierungsvariante konnte auch in der Mehrheit der Fälle bei den tunesischen Sprechern beobachtet werden: 80% der /r/ Realisierungen bei Sprecher1 und knapp 85 % bei Sprecher 2.

Dies bestätigt wiederum, dass die Realisierung von [ʁ] bzw. [χ] keine Schwierigkeit für den tunesischen Muttersprachler darstellt. Dennoch ist zu beobachten, anders als im Standardfranzösischen üblich, dass verschiedene /r/ Laute zusätzlich produziert werden.

3.3. Analyse der abweichenden Realisierungsvarianten

Die weiterführenden Überlegungen beschäftigen sich ausschließlich mit den atypischen Aussprachevarianten des /r/: [X], [ɾ] und [r].Diese wurden erhoben und im Kontext ihrer Lautlichen Umgebungen analysiert. Dies führt zu einer Typologisierung ihrer Realisierung, sowie zu einem Systematisierungsversuch der in Form von Hypothesen formuliert wird.

3.3.1. Die Realisierung von [r]

Sprecher 2 realisiert nur zweimal ein [r], beide Male im Kontext: „en troisième année".

Sprecher 1 sagt [r] in ähnlichem pre- und postkonsonantischem Umfeld, zum Vergleich folgende Tabelle:

	Lexikalisch	Häufigkeit	Phonetische transkription	[r] nach	[r] vor
Sprecher 2	Troisième	2	[trwaziɛm]	[t]	[w]
Sprecher 1	soixante-trois	2	[swasɑ̃ntetrwa]	[t]	[w]
	quatre-vingt	4	[katrəvẽ]	[t]	[ə]
	Crevette	1	[krəvɛt]	[k]	[ə]
	Notre	2	[nɔtr]	[t]	[ɔ]
	protectorat	1	[protektora]	[p]	[o]
	problème	3	[problɛm]	[p]	[o]
	par exemple	5	[par ɛgzɑ̃pl]	[a]	- bzw. [ɛ]
	Leur	1	[lœr]	[œ]	-
	Courrier	2	[kurie]	[u]	[i]
	correspondance	1	[korespɔ̃dɑ̃s]	[o]	[e]
	par rapport	1	[parapor]	[a]	[a]

Tabelle 3: [r] Realisierungen

* [r] nach [t], [p] und [k]

Es ist auffällig, dass in den meisten Fällen, [r] nach einem stimmlosen plosiven Obstruenten realisiert wird ([t], [p] oder [k]).

Daraus lässt sich Hypothese 1 formulieren: [ʁ] wird als [r] ausgesprochen, wenn es einem stimmlosen plosiven Obstruenten folgt.

Diese erweist sich jedoch nicht als hinreichende Begründung für die [r] Realisierung, da bei beiden Sprechern auf einem stimmlosen plosiven Obstruenten folgende /r/ Realisierungen zu finden sind, welche sich nicht in Form eines gerollten apiko-alveolaren [r] äußern.

Bsp: <primaire> [pʁimɛʁ], <catastrophe> [katastʁof] oder <décret> [dekʁe]

Dennoch ist in den meisten Fällen zu beobachten, dass das /r/ nach einem stimmlosen plosiven Obstruenten als betontes [x] realisiert wird (siehe 3.3.2.).

* [r] vor [o] bzw. [ɔ], [ə], [œ] und [w]

Phonetisch handelt es sich bei [o] oder [ɔ] um hintere, halboffene und gerundete Vokale. Das [ə] und das [œ] sind ebenfalls gerundete, halboffene Vokale, welche in aufgenommen Beispielen dazu tendiert eher hinten ausgesprochen zu werden. Der Approximant [w] weißt ebenfalls eine gerundete Artikulierung auf. Interessant ist hierbei zudem, dass es sich bei jedem der Laute die dem [r] folgen, um Phone handelt, die im Tunesischen nicht existieren. (Vgl. Tabelle 2)

Die zweite Hypothese: [r] wird vor hinteren, halboffenen und gerundeten Vokalen realisiert, weil diese eine Herausforderung für den tunesischen Sprecher darstellen, da diese nicht Teil des tunesischen Vokalsystems sind.

Im Fall von [o] bzw. [ɔ] lässt sich dies nicht generalisieren, wie die Aussprachen von <trop> [tʁo], <prof> [pʁof] oder <probleme> [pʁoblɛm] bei Sprecher 2 zeigen. Sprecher 1 sagt hingegen <probleme> [problɛm]. In den anderen Fällen in denen [o] bzw. [ɔ] folgt wird das /r/ als alveolarer Tap [ɾ] realisiert, welches als gehemmte Variante zu [r] gedeutet werden kann. Bsp: <rôle> [ɾol], <contrôle> [cɔ̃tɾol]

- [r] für <rr>

Sprecher 1 fenden sich noch weitere [r] Realisierungen: <courrier> [kurie], <correspondance> [korespɔ̃dãs] und <par rapport> [parapor]. Diese könnten als lautliche Realisierung des Diagraphen <rr> interpretiert werden, wobei [paraport] in diesem Fall als einzelnes phonetisches Wort zu behandeln ist. Es könnte sich hierbei um eine Interferenz Erscheinung zum Tunesischen *shadda* handelt (siehe Abschnitt 2.2.).

Hypothese 3: Die lexikalische Realisierung des <rr> wird lautlich durch ein [r] wiedergegeben.

Während bei Sprecher 1 dies in jedem Fall von diagraphischen <rr> realisiert wird, gibt es im erhobenen Korpus keinen solchen Fall, weshalb keine Aussage hinsichtlich der Generalisierbarkeit getroffen werden kann.

- [r] in <par exemple>

[par ɛgzãpl] wird insgesamt 5 Mal bei Sprecher 1 verwendet und immer mit [r] ausgesprochen. Es stellt sich nun die Frage, ob man es als phonetisches Wort [parɛgzãpl] oder durch eine Pause getrennt ([par ɛgzãpl]) betrachten sollte. Es könnte argumentiert werden, dass das Wort als eben nicht als ein phonetisches Wort gehört werden soll, weshalb das /r/ betont und somit zu [r] wird. Zum Vergleich: Sprecher 2 sagt 6 Mal <par exemple> jedoch spricht er es [parɛgzãpl] aus. Wiederum stellen wird eine vom Standardfranzösisch abweichende Betonung von /r/ fest. Der Konsonant wird betont bzw. kurz darauf verharrt, welches als Interferenz zu dem in Abschnitt 2.2 beschriebenden *Shadda* verstanden werden kann.

3.3.2. Die Realisierung von [ɾ]

Beim Phon [ɾ] handelt es sich um eine Allophon von /r/ das weder im Standardfranzösich noch im Tunesischen geläufig ist. Wie beim [r], wird [ɾ] stimmhaft und apiko-alveolar ausgesprochen. Dieser Konsonant unterscheidet sich jedoch vom [r] dahin gehend, dass er nicht gerollt wird, sondern das der Frikatif durch eine einmalige schlagende Bewegung der Zunge gegen den Artikulationsort entsteht. Man nennt dies *Tap* oder *Flap*. Akustisch könnte es als eine „gehemmte Realisierung von [r]" beschrieben werden.

Besonders bei Sprecher 2 tritt er häufiger auf, so z.B. bei dem mehrmals wiederholten <entre> [ãtɾ] oder <autre> [otɾ]. Außerdem verwendet er es beim ersten /r/ von <primaire> [pɾimɛʁ]. Bemerkenswert ist, dass bei Sprecher 2 t [ɾ]an jenen Stellen aufritt, an denen Sprecher 1 ein [r] realisierte: bei 2 der 5 benutzten <par exemple> [paɾ ɛgzãpl] und in <trop> [tɾo] (bei welchem man aufgrund der vorherigen Feststellungen annehmen kann, dass Sprecher 1 es als [tro] realisieren würde).

Insgesamt lässt sich daher Hypothese 1 erweitern, da auch hier in den meisten Fällen [ɾ] auf [t] und [p] folgt: /r/ kann nach stimmlosen plosiven Obstruenten [r] oder [ɾ] ausgesprochen werden. Hypothese 2 kann ebenfalls ergänzt werden: das [ɾ] erscheint als abgeschwächte Form von [r] vor [ɛ], [o].

Bei <entre > [ãtɾ] oder <autre> [otɾ] und <par exemple> [paɾ ɛgzãpl] fällt auf, dass [ɾ] vor einem schwa Laut (*als e caduc*) oder einer Pause auf die eine [ɛ]folgt steht. Wieder könnte es sich um die sogenannte gehemmte Form des von Sprecher 1 gerollten [r] handeln.

3.3.3. Die Realisierung von [X]

Das [X] wird ähnlich wie das [χ] ausgesprochen, wobei es stärker velarisiert wird und daher mehr zur Geltung kommt. Wie in Abschnitt 2.2 bemerkt, handelt es sich um ein im Tunesischen gängiges Verfahren zur Akzentuierung.

Lexikalisch	Häufigkeit	Phonetische transkription	[r] nach	[r] vor
Sprecher 1	Algérie	1	[alʒeχi]	[e]	[i]
	Pris	1	[pχi]	[p]	[i]
	primaire	1	[pχimaiʁ]	[p]	[i]
	traduit	1	[tχaduit]	[t]	[a]
Sprecher 2	Pris/appris	3	[pχi]/ [apχi]	[p]	[i]
	apres	2	[apχe]	[p]	[e]
	Par exemple	4	[paχ ɛgzãpl]	[a]	[ɛ] bzw. [ ]
	écris/écrivent	3	[ecχi]/[ecχiv]	[k]	[i]
	représente	1	[ʁəpχezãt]	[p]	[e]

Tabelle 4: [X] Realisierungen

In einigen Fällen, Beispielsweise bei <trop> oder <par exemple>, kann analog zum Vorhergegangenen festgestellt werden, dass Sprecher 2 das [X] dort verwendet wo auch Sprecher 1 eine abweichende Variation, [r] oder [ɾ] benutzte. Folgt man dieser Annahme, könnte es erklären, weshalb Sprecher 2 primaire nicht [pχimaiʁ] sondern [pʁimaiʁ] ausspricht.

Erneut fällt auf, dass eine atypische Aussprache von /r/ meist einem stimmlosen plosiven Obstruenten folgt, außerdem wird es häufig von einem [i] bzw. [e] gefolgt, welche beide hoch und palatal sind. Anzumerken sei jedoch, dass bei beiden Sprecher die Aussprachen des /r/ in <maitrisard> bzw. <maitrise> als [ʁ] erfolgt. Interessant wäre es die Akzentprosodie, d.h. die Betonungsauswirkungen zu beobachten. Wie schon bemerkt ist diese im Tunesischen bedeutungsunterscheidend und führt zu verschiedenen /r/ Realisierungen. In den meisten Fällen, wird das /r/ genau dann betont, wenn es die in Abschnitt 2.2. aufgeführten Regeln der tunesischen Prosodie es verlangen: die vorletzte Silbe wird betont und stärker velarisiert wenn sie von einem langen Vokal gefolgt ist. Dies ist der Fall bei <aprés>, <écris>, <algérie> und <pris> bzw. <apris> da sowohl [e], [a] als auch [i] als langer Vokal gesprochen können: [ap'χe:], [ec'χi:], [alʒe'χi:], [p'χi:].

Die letzte Hypothese befindet sich demnach im Bereich der suprasegmentalen Phonologie: In den Fällen in denen die Tunesische Intonation eine Akzentuierung verlang, wird das /r/ betonter, bzw. velarer ausgesprochen.

3.4. Schlussfolgerungen

Im Rahmen der Korpusanalyse sind verschiedene vom Standardfranzösisch abweichende /r/ Realisierungen aufgefallen: [χ], [ɾ] und [r].

Bei dem Versuch, diese aufgrund ihrer lautlichen Umgebung durch eventuelle Assimilationsverfahren o. ä. typologisieren zu können, wurde festgestellt, dass diese v.a. dann auftreten, wenn sie auf plosive Obstruenten folgen. Dennoch handelt es sich hierbei um keine generalisierbare Tatsache, da sich auch einige Gegenbeispiele finden ließen. Es wurde zudem ermittelt, dass eine atypische /r/ Realisierung in einigen Fällen auftritt, in denen ein dem Tunesischen unbekannter Vokal folgt. Auch hier ist keine Verallgemeinerung möglich, wobei ein Zusammentreffen beider Faktoren eine nicht Standardfranzösische Aussprache des /r/ sehr stark zu begünstigen scheint. Eine Regelmäßigkeit weißt die Realisierung von [r] für die lautsprachliche Realisierung von <rr> auf. Prosodische Eigenschaften, insbesondere die Silbenbetonung, scheinen zudem einen maßgeblichen Einfluss auf die Aussprache des /r/ zu haben, wie die atypische Aussprache im Wortausklang vor einen langen Vokal zeigt. Des Weiteren wurde bemerkt, dass die Interviewten nicht dieselben Variationen verwenden. Die Abweichungen traten jedoch in gleichen Konstellationen, wenn nicht sogar Wörter auf: Sprecher 1 betonte als Sprecher 2. Dies suggeriert Folgendes:

Sprecher 1		Sprecher 2
[r]	→	[ɾ]
[ɾ]	→	[χ]
[χ]	→	[χ] bzw. [ʁ]
[χ] bzw. [ʁ]	→	[χ] bzw. [ʁ]

Rückgreifend auf die Forschungsliteratur lässt sich dies durch verschiedene Faktoren begründen. Sprecher 1 hat Französisch während der Entkolonialisierung in den 60er Jahren gelernt und es könnte eine Korrelation zwischen der stärkeren „arabisierten" Aussprache und der Theorie Maumes oder Morslys[23] geben, welche dieses als Abgrenzungsvariante zum Kolonisierer sehen. Er war zudem nur den Einflüssen seiner Lehrer bzw. einiger in Tunesien lebender Franzosen ausgesetzt, während Sprecher 2 in einer multimedialen Gesellschaft aufgewachsen ist, in der er z.B. über das Fernsehen Standartfranzösisch hören und sich aneignen konnte. Eventuell spielt auch der diastratische Faktor, dass Sprecher 2 im Gegensatz zu Sprecher 1 studiert hat, eine Rolle.

---

[23] Morsly Dalila: *Diversité phonologique du français parlé en Algéri : réalisation de /r/.* In: Langue française. N°60, 1983, S. 71.

4. Fazit

In der vorliegenden Arbeit wurde eine phonologische Untersuchung des Lautinventars zur Koexistenz verschiedener Varianten eines Allophons unternommen. Im ersten Teil der Arbeit wurde zunächst der theoretische und thematische Hintergrund erläutert. Dabei wurden u. a. ausführlich die Merkmale des Konsonanten /r/ im Französischen und im Tunesischen diskutiert sowie Erklärungsansätze für die vorhandenen Variationen angesprochen. Der experimentelle Teil befasste sich mit der Durchführung der Auswertung und Interpretation der Daten eines zuvor erstellten Korpus.

Gegenstand der Untersuchung war die Realisierung von /r/ in den Sprachäußerung tunesischer Sprecher des Französischen. Die Ergebnisse zeigen, dass fünf Allophone des Konsonanten /r/ verwendet wurden, von denen drei nicht den standardfranzösischen Aussprachegewohnheiten entsprechen. Weiterhin wurde festgestellt, dass die verschieden /r/ Realisierung nicht aleatorisch verteilt sind. Schlussendlich konnten die Hypothesen bezüglich des Einflusses der lautlichen Umgebungen nicht verallgemeinert werden, wobei einige Regelmäßigkeiten und mögliche durch die Intonation bedingte Varianten erkannt wurden.

Es handelte sich bei dieser Arbeit vorrangig um eine segmental phonetische Beschäftigung und prosodische Aspekte konnten nicht hinreichend berücksichtig werden. Dennoch weisen einige Faktoren darauf hin, dass eine Intonationsstrukturanalyse erkenntnisreich wären (z.B. autosegmental-metrisch nach Pierrehumbert). Prosodisch könnte man den *Pitch*, die Lautstärke und die relative Länge der Segmente in Bezug auf /r/ Realisierungen näher beobachten. Dies könnte weitere Erklärungsansätze für benutzen Allophone bieten.

Wie bereits angedeutet, werden in diesem Bereich ggf. technischunterstütze Untersuchungen zur Akzentuierung, mit unterschiedlichen prosodischen und segmentalen Kontexten sowie einer größeren Anzahl von Sprechern benötigt, um die Ergebnisse erweitern zu können. Davon ausgehend sollte ein systematisches Modell zur Variante des Französischen in Tunesien entwickelt werden.

5. Bibliographie

- Angoujard, J-P.: *Les hiérarchies prosodiques en arabe*. In: Revue québécoise de linguistique, vol. 16, n° 1, 1986, S. 11-37.
- Ferguson, Charles (1959). Diglossia. In: *Word* 15, S. 32.
- Fouché, P.: *Introduction*. In : Phonétique historique du francais. Tome 1, 1957, S. 83.
- Meisenburg & Selig: *Phonetik und Phonologie des Französischen*. Stuttgart: Klett 1998 (UNI-Wissen).
- Martinet, A.: *Séminaire de linguistique, Cahiers du C.E.R.E.S. : Série linguistique*. In: Revue Tunisienne des Sciences Sociales, C.E.R.E.S., Tunis, 2, 1966.
- Martinet, A. *:" R ", du latin au français d'aujourd'hui*. In : Le français sans fard, Paris, P.U.F., 1969, S. 132-143.
- Maume J.-L. : *L'apprentissage du français chez les Arabophones maghrébins (diglossie et plurilinguisme en Tunisie)*. In: Langue française. N°19, 1973, S. 100.
- Morsly, D.: *Diversité phonologique du français parlé en Algérie: réalisation de /r/*. In: Langue française. N°60, 1983, S. 65-72.
- Schwarze, C. & Lahiri, A.: Einführung in die französische *Phonologie*. In: Fachgruppe Sprachwissenschaft Universität Konstanz, Arbeitspapier Nr. 88,1998, S. 4.
- Vanneste, A.: *Le français du XXIe siècle: introduction à la francophonie, éléments de phonétique, de phonologie et de morphologie*. Garant, 2005, S. 203.
- Veltchefft, C.: Le français en Tunisie: une langue vivante ou une langue morte ?. In : *Le français aujourd'hui* 3/2006 (n° 154), S. 83.
- Wehr, H.: *Arabisches Wörterbuch für die Schriftsprache der Gegenwart*. Cowan (Hrsg.), New York: Spoken Language Services, 1971.
- Wolff, E.: Elemente einer Soziolinguistik Nordafrikas. In: *Special Issue: Multilingualism and language policies in Africa. Sonderausgabe: Mehrsprachigkeit und Sprachenpolitik in Afrika*. SPIL PLUS 38, S. 42-59.

6. Anhang: Transkription der Interviews

Die Interviews werden von Yasmina B. geführt (I.), sie ist selbst Tunesierin, ist aber in Europa aufgewachsen und lebt derzeit in Paris, verbringt aber ca. 3 Monate im Jahr in der Heimatstadt ihrer Eltern, Bizerte.

Interview mit Sprecher 1

Monsieur Y. ist 65 Jahre alt und hat Französisch in der „mission française", die damals einzige weiterführende Schule von Bizerte unter dem Protektorat gelernt. Er ist nun Rentner, hat vorher im Bürgeramt von Bizerte gearbeitet.

Die Aufnahmen wurden hintereinander in mehreren Abschnitten geführt mit einer gesamt Dauer von 10:53 Minuten.

Teil 1 00:29

I.:   *Jusqu´à quand vous avez appris le français ?*

S.1.:   (Euh)… enfin j´ai fais mes études pour l´enseignement primaire jusqu´en 60 (euh) 1960 et après au Lycée jusqu´à 66.

I.:   *Et les études ?*

S.1.:   (Et après)Et après les études ouai, et en 68 j´ai commencé de travaille (hehe).

Teil 2 02:02

I. :   *Est-ce que vous pouvez m´expliquer (euh) la langue française qu´est-ce qu´elle voulait dire…non représentait à l´époque et qu´est-ce qu´elle représente aujourd´hui ?*

S.1.:   La langue française c´était avant mieux qu´aujourd´hui   étant que Bizerte c´est une…. comment on dit…. c´est une ville appartient à l´armée française et tout jusqu´ en 63 et tout les bizertins ils ont bien pris le… la langue française pas comme maintenant   et après l´indépendance ca diminué la langue française dans les écoles tunisiennes. Par exemple nous on a commencé d´apprendre le français dès que la première année á l´âge de 6 ans… ou 5 ans. Maintenant il, il commence d´apprendre le français à l´âge de huit ans, en 3eme année ou 4eme année de … des… dans les écoles primaire. Maintenant quelqu´un, il est pas bachelier, maîtrisard ou bien licencier il ne va pas de faire une lettre en français étant que les anciens et avant les bacheliers *mich*[24] il fait une lettre, il fait un livre complètement. Et en plus que ca il ya… pendant le protectorat, ce qui a le certificat de fin d´étude primaire il fait pas l´armée.

I. :   *ah bon !*

---

[24] „non pas" en tunisien

S.1. : ah oui, pendant l´armée française. Maintenant c´est… ca à changé complètement et tout. Donc maintenant l´enseignement française en Tunisie c´est zéro pour les tuni… pour les jeunes d´aujourd´hui et tout.

I. : D´accord merci beaucoup

Teil 3, 02:08

I.: *Est-ce que vous pouvez me dire le rôle de la langue française dans l´administration tunisienne à l´époque et aujourd´hui ?*

S.1. : Pour la langue française, avant c´était le courrier même en français euh jusqu´à 1963 et après ca a commencé l´arabe. La correspondance entre les administrations avec les citoyens et tout. Malgré que moi je travaille à la mairie de Bizerte euh les arrêter de… ou bien les décrets de la municipalité tout en français. Ca à changer complètement en 1985, lorsque… avant Ben Ali deux ans en 87 lorsque Ben Ali il a pris le gouvernement, il y a un décret « interdit de répondre en français ».Donc ca a commencer l ´arabe, le courrier en arabe l´inscription et tout ! Même tous les décrets a été changé a été traduit complètement en arabe…. jusqu´à maintenant. Et c´est pour ca que le français d´avant pas comme aujourd´hui. Ca a diminué la langue… sauf quelques… les anciens ils parlent un peu le français, ils ont l´accent *zeda*[25] française et surtout pour Bizerte je vous dis encore une autre foi Bizerte il a joué un grand rôle pendant la guerre mondiale, c´était le, comment on dit *manéa*[26] le point qui contrôle la mer méditerranéenne pendant la guerre mondiale. Et c´était le dernier soldat français qui a quitté Bizerte en 63 et c'est pour ca la plupart des habitants de Bizerte ils parlent le français… bien.

I. : *Donc l´influence euh des français était très grande ici à Bizerte.*

S.1.: La France elle a joué un grand rôle avec l'influence sur les bizertins et tout.

I.: *Merci beaucoup.*

---

[25] „aussi" en tunisien
[26] „c´est à dire" en tunisien

I.: *Est-ce que la différence entre avant et aujourd'hui… est-ce que vous parliez beaucoup plus le français avant, entre vous ? Ou vous le parliez moins ou plus aujourd'hui, qu'elle est la différence ?*

S.1.: Avant on parle bien… on parle beaucoup le français avec… entre ami et tout pas comme maintenant , maintenant c'est rare pour parler le français soit… enfin , les anciens comme moi nous somme entrain même de regarder la télévision françaises étant que la jeunesse d'aujourd'hui ils sont je m'en foutiste pour la langue. Ils regardent les émissions égyptiennes pour les feuilletons et tout. Donc maintenant je parle le français avec quelques amis comme la famille Bousselmi lorsqu'elle vient en été on parle un peu… c'est vrai je vous dit la vérité je, je blague pas ! Donc avant on parle bien le français mieux qu'aujourd'hui.

Entre ami, à l'école même *hâta* avant…. on a resté jusqu'à les années 63. Étant que mon père il travaille avec l'armé française avant c'est pour ca on parle le français… il ya des relations il y a des visites entre notre famille et des amis de mon père des français à Menzel Bourghiba étant que Menzel Bourghiba c'était avant 90 % des français et elle s'appelle Ferry ville… pas Menzel Bourghiba. Après l'indépendance ca a été changé le nom. Maintenant les familles françaises d'avant ils n'existent plus en Tunisie même de temps en temps il vient quelqu'un de…pour les anciens, pas eux, eux ils sont disparus mais leurs enfants ils passent *haka* [27] de passage *akahaou* [28].

I.: *Est-ce que vous trouvez qu'il y a une influence de la langue arabe tunisien, l'arabe tunisien sur le français ?*

S.1.: Ah oui ca c'est juste il y a beaucoup… une influence complètement parce que euh les écoles comme je vous dis en arabe malgré même dans la dans les facultés aussi ca y est il on commencer de d'apprendre l'algèbre la médecine la comptabilité en arabe et tout hein…regarde l'Algérie… l'Algérie encore jusqu'à maintenant il parle tous en français. Parce que c'est ici c'est protectorat et en Algérie, c'était la colonie avec la France. Donc même ce que je vois pour les algériens, les gens de la montagne ils ne savent pas même écrire son nom et ils parlent le français couramment ! Mieux que les tunisiens qui qui ont fait leurs études dans les écoles et dans les lycées aussi. C'est ca le problème et j'ai peur *ena* [29] pour l'Algérie aussi parce que ca a commencé l'arabe dans les administrations aussi et il reste que

---

[27] „comme ca" en tunisien

[28] „c'est tout" en tunisien

[29] „ moi" en tunisien

la langue française parlante, *maneha*[30], dans les rues ils parlent entre eux les jeunes et tout mais dans les écoles et les administrations… c'est… ca a commencé l'arabe.

I. :   *Et l'influence du français dans la langue tuniso-arabe ?*

S.1.:   Il y a pas langue tunisio !

I.:   *Le tunisien !*

M.D.:   Il y a le dialecte, l'arabe c'est…. On peu dire l'arabe littérature *femt*[31], il y a l'arabe parlante

I.:   *Et le français est-ce que il a sont influence dans le tunisien ? Dans la langue tunisienne ?*

S.1.:   Euh… par rapport… il y a quelque mots hein en français dans notre langue hein par exemple au lieu de dire euh… le vélo ou bien la bicyclette il dit en arabe « bicyclet » par exemple *femt*[32].

Euh… la post au lieu de dire en arabe *el beid* ou bien le mot la post *i kulik* [33]« Bousta », « imchit I busta »[34] ? Par exemple, il y a quelques mots *manea* [35]en français on l'utilise dans notre langue parlante maintenant euh…

I.:   *Et ca va pas changer ?*

S.1.:   Ca n'a pas change ils sont restés depuis x temps ! Pas mal des mots, pas mal des mots en français en……

I.:   *Comme quoi encore ?*

S.1.:   *Ya allah rassoul allah…*

I.:   *Le clignotant ?*

M.D.:   Le clignotant par exemple euh droite, euh… le port, on dit le port maintenant même « Bourt » au lieu de dire le mot port « bourt »euh… et il y a même *hata* [36]des animaux, même il y a la plupart des noms des les poissons en français maintenant on l'utilise. Comme le pagros par exemple… les crevettes ! Même moi *yani*[37] je suis à l'âge de 65 ans et je connais pas le mot en arabe ! On appelle crevette « crevette » c'est vrai euh… qu'est ce qu'il y a comme… les les…je vois pas… la pomme de terre on l'appelle « Batata » … y a pas…

I.:   *Merci beaucoup !*

S.1.:   Pas de quoi .

---

[30] „ca veut dire" en tunisien
[31] « tu as compris » en tunisien
[32] « tu as compris » en tunisien
[33] « on dit » en tunisien
[34] « tu es parti à la poste ? »
[35] „ca veut dire" en tunisien
[36]« même » en tunisien
[37] „c'est a dire" en tunisien

Interview mit Sprecher 2

X ist der Sohn von Monsieur Y, ist 27 Jahre alt und hat einen Bachelor in
Internationaler Wirtschaft.

Die Aufnahmen wurden hintereinander in mehreren Abschnitten geführt mit einer gesamt Dauer von
05:28 Minuten.

Teil 1, 02:29

I.:   *Voila, quel âge avez vous ?*

S.2.:   Moi, j´ai 27 ans.

I.:   *Ou est-ce que vous avez appris le français ?*

S.2.:   J´ai appris le français en école, en Lycée, en université aussi on a parlé souvent le français.

I.:   *A partir de quelle classe ?*

S.2.:   A partir de 2eme année en école.

I.:   *Et vos études ils ont été en français ou en arabe.*

S.2.:   En l'école on a la matière la français on parle que en français et pour l'arabe dans les mathématiques on utilise un peu le français et après en lycée on a terminé avec les cours en français pour les maths pour le physique... et on a le philo ca ca s´étudie *yani*[38] que en arabe.

I.:   *Et pour l'université c'était en quelle langue ?*

S.2.:   En université on utilise souvent le français parce que on n'a pas des matières en arabe et... un peu d´anglais.

I.:   *Est-ce que vous avez parlez le français ou l'arabe avec vos vos vos amis étudiants ?*

S.2.:   Bon on parler *yani*[39] puisque j´ai fais les études à Hammamet on parle souvent l'arabe mais quand je suis à Bizerte, toujours on utilise un peu de français puisque c´est un peu francophone et...

I. :   *Plus que Hammamet et le reste du pays ?*

S.2.:   Ouai parce que à Hammamet ou à Tunis euh ils sont... souvent il parle *yani*[40] l´arabe ils utilisent l´arabe. Mais a Bizerte, puisque on est habitué à parler avec les amis et tout en français toujours on parle quelques mots en arabe et le reste en français !

I.:   *Et ehm.. Au point de vue, dans l'administration est ce que ca a changé dans les langues ?*

S.2.:   Bon ca a changé pour l´anglais maintenant... ils ont fait rentrer pour les écoles primaires l´anglais en 3eme année primaire mais pour le français ca ehm c´est un peu... c´est plus

---

[38] „c´est a dire" en tunisien
[39] „c´est a dire" en tunisien
[40] „c´est a dire" en tunisien

comme avant ! Par exemple quand nos parents ils ont pris le français et tout il n´est plus comme avant puisque ils ont changé le système éducatif et tout c´est un peu… c´est plus le français français qu´ils ont appris nos parents.

<u>Teil 2, 02:59</u>

I.:   *Et dans l´administration ?*

S.2.:   Bon pour l´administration puisque avec…. Pour nos parents ils ont pris… avec *yani* la colonisation le français en Tunisie ils ont pris tous les études en français et tout et ils utilisent souvent français et ils parlent bien ils écrient bien et tout. Mais après la colonisation et tout ils ont changé le système éducatif et cela il a causé beaucoup de problème. Parce que par exemple maintenant *yani* tu ne trouves plus *yani* des gens qui écrivent bien en français et ils parlent bien le français. Surtout *yani* ces dernières années c´est une *yani* grande difficulté pour le français *yani* en ly…. Même en lycée en université par exemple quand tu parles avec un étudiant et il a son maitrise il sait pas par exemple écrire un paragraphe… tu trouves c´est ca le problème ! Ou par exemple *ena*[41] j´ai déjà par exemple… je te raconte une ptite… On était en classe et on a des élections pour le… comment dirais-je yani on a des parties dans l´université et il va être un élu qui représente tous les étudiants dans la faculté. Et le prof…ca une étudiante avec nous qui toujours elle veut le beau[42] et sait bien parler et on sait pas on sait pas[43] Et le prof il été entrain de parler et il a dit « s´il vous plait vous allez faire le vote » et tout. Et elle s´est coincée elle a dit… euh elle été *yani* on été assis et out elle m´a tournée et elle m´a dit *yani* qu´est-ce que ca veut dire « un vote ». Si une étudiante en 3eme année *yani* faculté et tout elle sait pas qu´est-ce que ca veut dire un vote c´est une catastrophe pour le français et surtout dans un pays francophone.

I. :   *Et est-ce que tu as l´impression que c´est l´anglais qui qui vient maintenant plus que le français ?*

S.2.:   Non, je pense pas mais… c´est trop relié avec l´état les parties politiques qu´est-ce qu´ils veulent eux… par exemple maintenant…. ce que je suis entrain de voir Ennahda elle a pris le pouvoir elle veut des plus faire des … avec les français, avec les anglais avec… et ca ca donc comme comme cause et conséquence elle veut aussi pour le système éducatif parler que en arabe faire ca que en arabe tu fais pas ca en français tu parles pas ca en français et ca va causer beaucoup de problème *yani* elle a une grande influence si.. Pour le système *yani* éducatif et tout….*yani* il n´est pas dans le bon chemin.

---

[41] « Moi » en tunisien
[42] Expression qui en tunisie signifie „se vanter"
[43] Expression en tunisienqui signifie „etc"